MEDIUNIDADE E SINTONIA

Chico Xavier

PELO ESPÍRITO
EMMANUEL

MEDIUNIDADE E SINTONIA

Copyright © 2014 *by*
FEDERAÇÃO ESPÍRITA BRASILEIRA – FEB

Direitos licenciados pelo Centro Espírita União à Federação Espírita Brasileira
CENTRO ESPÍRITA UNIÃO – CEU
Rua dos Democratas, 527 – Jabaquara
CEP 04305-000 – São Paulo (SP) – Brasil

1ª edição – 7ª impressão – 1 mil exemplares – 6/2025

ISBN 978-85-9466-318-4

Todos os direitos reservados. Nenhuma parte desta publicação pode ser reproduzida, armazenada ou transmitida, total ou parcialmente, por quaisquer métodos ou processos, sem autorização do detentor do *copyright*.

FEDERAÇÃO ESPÍRITA BRASILEIRA – FEB
SGAN 603 – Conjunto F – Avenida L2 Norte
70830-106 – Brasília (DF) – Brasil
www.febeditora.com.br
editorial@febnet.org.br
+55 61 2101 6161

Pedidos de livros à FEB
Comercial
Tel.: (61) 2101 6161 – comercial@febnet.org.br

Adquirindo esta obra, você está colaborando com as ações de assistência e promoção social da FEB e com o Movimento Espírita na divulgação do Evangelho de Jesus à luz do Espiritismo.

Dados Internacionais de Catalogação na Publicação (CIP)
(Federação Espírita Brasileira – Biblioteca de Obras Raras)

E54m   Emmanuel (Espírito)

   Mediunidade e sintonia / pelo Espírito Emmanuel; [psicografado por] Francisco Cândido Xavier. – 1. ed. – 7 imp. – Brasília: FEB; São Paulo: CEU, 2025.

   72 p.; 17,5 cm

   ISBN 978-85-9466-318-4

   1. Espiritismo. 2. Obras psicografadas I. Xavier, Francisco Cândido, 1910–2002. II. Federação Espírita Brasileira. II. Título.

   CDD 133.93
   CDU 133.7
   CDE 30.03.00

Sumário

Prefácio 7

CAPÍTULO 1
Árvores humanas 9

CAPÍTULO 2
Fenômeno e doutrina 12

CAPÍTULO 3
Examina o teu desejo 16

CAPÍTULO 4
Intercâmbio 19

CAPÍTULO 5
Mediunidade 22

CAPÍTULO 6
Médiuns 25

CAPÍTULO 7
Na senda renovadora. 27

CAPÍTULO 8
Unidos sempre 31

CAPÍTULO 9
Mediunidade e nós 35

CAPÍTULO 10
Em torno da mediunidade.................... **37**

CAPÍTULO 11
Prática mediúnica........................... **40**

CAPÍTULO 12
Estudando o bem e o mal **43**

CAPÍTULO 13
Trabalho além da Terra....................... **47**

CAPÍTULO 14
Preparação mediúnica........................ **50**

CAPÍTULO 15
No bem, hoje e sempre **53**

CAPÍTULO 16
Esclarecimento............................... **56**

CAPÍTULO 17
Sigamos acordados........................... **59**

CAPÍTULO 18
A faculdade de curar......................... **62**

CAPÍTULO 19
Seareiros futuros............................. **65**

CAPÍTULO 20
Tarefa mediúnica **68**

Prefácio

Alinhando neste livro alguns apontamentos em torno da mediunidade, consideramos que não seria correto esquecer o problema da sintonia.

Mediunidade é força mental, talento criativo da alma, capacidade de comunicação e de interpretação do Espírito, ímã no próprio ser.

Sintonia é acordo mútuo.

Eis porque, examinando a mediunidade e sabendo que a sintonia se lhe faz inerente, se possível, ousaríamos perguntar:

Sintonia para quê e com quem?

*

Parafraseando o antigo provérbio "Dize-me com quem andas e dir-te-ei quem és", concluiremos

Chico Xavier
PELO ESPÍRITO EMMANUEL

que basta a pessoa explicar onde repetidamente está para sabermos que objetivos ela procura e basta notarmos com quem anda para que saibamos com quem essa mesma pessoa deseja se parecer.

*

Através do exposto, reconheceremos que todo aquele coração que palpita e trabalha no campo dos ensinamentos de Jesus a Jesus se assemelhará.

EMMANUEL
UBERABA (MG), 2 DE JANEIRO DE 1986.

CAPÍTULO 1
Árvores humanas

O texto evangélico, ante a luz da Doutrina Espírita, não se refere aos médiuns categorizando-os por fachos ou estrelas, anjos ou santos.

*

Com muita propriedade, reporta-se a eles como sendo árvores frutíferas.

*

E sabemos, à saciedade, que as árvores produzem segundo a própria espécie.

*

Não vivem sem irrigação e sem adubo; entretanto, o excesso de uma e outro pode perdê-las.

*

Chico Xavier
PELO ESPÍRITO EMMANUEL

Em verdade, não prescindem do cuidado e do carinho de cultivadores atentos; contudo, obrigam-se a tolerar vento e chuva, canícula e tempestade.

*

São abençoadas por ninhos e melodias de pássaros amigos; todavia, suportam pragas que por vezes lhes carcomem as forças e pancadas de criaturas irresponsáveis que lhes furtam lascas e flores.

*

Registram a gratidão das almas boas que lhes recolhem o favor e a utilidade, mas aguentam o assalto de quantos lhes tomam a golpes de violência ramos e frutos.

*

E, conquanto estimáveis aos pomicultores, que lhes garantem a existência, são submetidas por eles mesmos à poda criteriosa e providencial, com vistas ao rendimento e melhoria da produção.

MEDIUNIDADE E SINTONIA
ÁRVORES HUMANAS

Assim também são os médiuns da Terra, postos no solo da experiência para a extensão do bem de todos. E anotemos que, semelhantes às árvores preciosas, todos eles, por muito dignos, como sucede a qualquer criatura humana, elevam-se em pensamento no rumo do Céu, conservando, porém, os próprios pés nas dificuldades e deficiências do chão.

CAPÍTULO 2
Fenômeno e doutrina

Até hoje, os fenômenos mediúnicos que se desdobraram à margem do apostolado do Cristo se definem como sendo um conjunto de teses discutíveis, mas os ensinamentos e atitudes do Mestre constituem o maciço de luz inatacável do Evangelho, amparando os homens e orientando-lhes o caminho.

*

Existe quem recorra à ideia da fraude piedosa para justificar a transformação da água em vinho, nas bodas de Caná.

Ninguém vacila, porém, quanto à grandeza moral de Jesus, ao traçar os mais avançados conceitos de amor ao próximo, ajustando teoria e prática, com absoluto esquecimento de si mesmo em benefício dos outros, num meio em que o espírito de conquista legitimava os piores desvarios da multidão.

*

Invoca-se a psicoterapia para basear a cura do cego Bartimeu.

Há, todavia, consenso unânime, em todos os lugares, com respeito à visão superior do Mensageiro Divino, que dignificou a solidariedade como ninguém, proclamando que "o maior no Reino dos Céus será sempre aquele que se fizer o servidor de todos na Terra", num tempo em que o egoísmo categorizava o trabalho à conta de extrema degradação.

*

Fala-se em hipnose para explicar a multiplicação dos pães.

O mundo, no entanto, a uma voz, admira a coragem do Eterno Amigo que se consagrou aos sofredores e aos infelizes sem qualquer preocupação de posse terrestre, conquanto pudesse escalar os pináculos econômicos,

Chico Xavier
PELO ESPÍRITO EMMANUEL

numa época em que, de modo geral, até mesmo os expositores de virtude viviam de bajular as personalidades influentes e poderosas do dia.

*

Questiona-se em torno do reavivamento de Lázaro.

Entretanto, não há quem negue respeito incondicional ao Benfeitor Sublime que revelou suficiente desassombro para mostrar que o perdão é alavanca de renovação e vida, num quadro social em que o ódio coroado interpretava a humildade por baixeza.

*

Debate-se, até agora, o problema da ressurreição dele próprio.

No entanto, o mundo inteiro reverencia o Enviado de Deus, cuja figura renasce, dia a dia, das cinzas do tempo, indicando a bondade e a concórdia, a tolerância e a abnegação por mapas da felicidade real, no centro de cooperadores que se multiplicam, em todas as nações, com a passagem dos séculos.

*

MEDIUNIDADE E SINTONIA
FENÔMENO E DOUTRINA

Recordemos semelhantes lições na Doutrina Espírita.

Fenômenos mediúnicos serão sempre motivos de experimentação e de estudo, tanto favorecendo a convicção, quanto nutrindo a polêmica, mas educação evangélica e exemplo em serviço, definição e atitude, são forças morais irremovíveis da orientação e da lógica, que resistem à dúvida em qualquer parte.

CAPÍTULO 3
Examina o teu desejo

Mediunidade é instrumento vibrátil e cada criatura consciente pode sintonizá-lo com o objetivo que procura.

Médium, por essa razão, não será somente aquele que se desgasta no intercâmbio entre os vivos da Terra e os vivos da Espiritualidade.

*

Cada pessoa é instrumento vivo dessa ou daquela realização, segundo o tipo de luta a que se subordina.

*

"Acharás o que buscas" – ensina o Evangelho, e podemos acrescentar: "farás o que desejas".

MEDIUNIDADE E SINTONIA
EXAMINA O TEU DESEJO

Assim sendo, se te relegas à maledicência, em breve te constituirás em veículo dos gênios infelizes que se dedicam à injúria e à crueldade.

*

Se te deténs na caça ao prazer dos sentidos, cedo te converterás no intérprete das inteligências magnetizadas pelos vícios de variada expressão.

*

Se te confias à pretensa superioridade, sob a embriaguez dos valores intelectuais mal aplicados, em pouco tempo te farás canal de insensatez e loucura.

*

Todavia, se te empenhas na boa vontade para com os semelhantes, imperceptivelmente terás o coração impelido pelos mensageiros do Eterno Bem ao serviço que possas desempenhar na construção da felicidade comum.

*

Observa o próprio rumo para que não te surjam problemas de companhia.

*

Chico Xavier
PELO ESPÍRITO EMMANUEL

Desce à animalidade e encontrarás a extensa multidão daqueles que te acompanham com propósitos escuros na retaguarda.

*

Eleva-te no aperfeiçoamento próprio e caminharás de espírito bafejado pelo concurso daqueles pioneiros da evolução que te precederam na jornada de luz, guiando-te as aspirações para as vitórias da alma.

*

Examina os teus desejos e vigia os próprios pensamentos, porque onde situares o coração aí a vida te aguardará com as asas do bem ou com as algemas do mal.

CAPÍTULO 4
Intercâmbio

Toda vez que um agrupamento de preces se reúne, observamos sempre rogativas e pensamentos elevados à Esfera Superior, na expectativa de que se congregam os companheiros encarnados na procura de reconforto.

E, respondendo, movimentam-se falanges de servidores, fraternos e amigos, estimulando as obras do bem para a alegria de todos.

São ensinamentos novos que se derramam.

Informações iluminativas que descerram sendas edificantes.

Bálsamos para chagas abertas.

Remédios para enfermidades diversas.

Chico Xavier
PELO ESPÍRITO EMMANUEL

Auxílios que se estendem à vida mental coletiva.

Bênçãos de consolação que refazem a esperança.

Socorro espiritual às dores comuns.

Amparo indistinto por resposta abençoada do Céu às perguntas aflitivas da Terra.

*

Não nos esqueçamos, porém, de que o movimento é de intercâmbio.

Se o homem recebe o concurso dos Espíritos benfeitores, é natural que os Espíritos benfeitores algo esperem igualmente do homem.

Nada existe sem permuta ou sem resultado.

O lavrador planta as sementes e recolherá os frutos.

O lapidário auxilia a pedra, que lhe retribui, mais tarde, com a sua beleza e brilho.

*

O idealista sofre a tortura do sonho, para contemplar, algum dia, o prêmio da realização.

*

MEDIUNIDADE E SINTONIA
INTERCÂMBIO

E nós, que tanto temos recebido de Jesus, que oferecemos em troca?

Que cedemos de nós mesmos, em honra do amor, pelos benefícios com que o Senhor nos ampara e levanta?

Não alimentemos qualquer dúvida.

A mensagem divina pede a resposta humana.

*

O anjo cede.

O homem pode contribuir.

No grande campo da sementeira evangélica que a Doutrina Espírita nos descortina, há muitos recursos do Alto, disseminando consolações e conhecimentos no mundo. Todavia, não olvidemos que há muito trabalho à nossa espera.

*

Não nos esqueçamos.

O apostolado da redenção é da Espiritualidade Superior; mas é também formado de serviço, fraternidade e colaboração na Terra.

O progresso universal, em todos os tempos, é obra de intercâmbio.

CAPÍTULO 5
Mediunidade

Mediunidade sem exercício no bem é semelhante ao título profissional sem a função que lhe corresponde.

*

A medicina é venerável em suas finalidades, mas se o médico abomina os doentes, não lhe vale o ingresso no apostolado da cura.

*

A lavoura é serviço que assegura à comunidade o pão de cada dia, contudo, se o homem do campo odeia o arado, preferindo acomodar-se com a inércia, debalde a gleba em suas mãos recolherá o apoio do sol e a bênção da chuva.

*

MEDIUNIDADE E SINTONIA
MEDIUNIDADE

Mediunidade não é pretexto para situar-se a criatura no fenômeno exterior ou no êxtase inútil, à maneira da criança atordoada no deslumbramento da festa vulgar.

*

É, acima de tudo, caminho de árduo trabalho em que o Espírito, chamado a servi-la, precisa consagrar o melhor das próprias forças para colaborar no desenvolvimento do bem.

*

O médium, por isso, será vigilante cultor do progresso, assistindo-lhe a obrigação de aprimorar-se incessantemente para refletir com mais segurança a palavra ou o alvitre, o pensamento ou a sugestão da Vida Maior.

*

Nesse sentido, sabendo que a experiência humana é vasta colmeia de luta na qual enxameiam desencarnados de toda sorte, urge saiba ajustar-se à companhia de ordem superior, buscando no convívio de Espíritos benevolentes e sábios o clima ideal para a missão que lhe compete cumprir, significando isso disciplina

Chico Xavier
PELO ESPÍRITO EMMANUEL

constante no estudo nobre e ação incansável na beneficência em favor dos outros.

*

Essa é a única senda de acesso à vida mais alta, através da qual, auxiliando sem a preocupação de ser auxiliado, servindo sem exigência e distribuindo sem retribuição os talentos que recebe, poderá o medianeiro honrar efetivamente a mediunidade, por ela espalhando os frutos de Paz e Amor que lhe repontam da vida, em marcha gradativa para a Grande Luz.

CAPÍTULO 6
Médiuns

Não procures o médium dos Espíritos benfeitores qual se fosses defrontado por um ser sobrenatural.

*

Quem se empenha a semelhante adoração copia a atitude dos companheiros de Moisés, quando se devotavam aos ídolos inativos, com a diferença de que a nossa fantasiosa adoração estaria centralizada em torno de um ídolo animado e naturalmente falível.

*

O médium é um companheiro.
É um trabalhador.
É um amigo.

Chico Xavier
PELO ESPÍRITO EMMANUEL

E é sobretudo nosso irmão, com dificuldades e problemas análogos àqueles que assediam a mente de qualquer Espírito encarnado.

*

O nosso objetivo é buscar a luz do Espírito, que flui da lição que se derrama da Vida Maior, e não o garimpo de fenômenos superficiais, que brilham quais foguetes de artifício, impressionando a imaginação sem proveito real para ninguém.

*

Lembremo-nos de que nós outros, os aprendizes do Evangelho, estamos em torno do Médium de Deus, que é Jesus, há quase dois mil anos, não mais qual Tomé, sondando-lhe as chagas, mas na posição de discípulos redivivos, que procuram e encontram não a figuração material do Senhor, mas a sua palavra de vida eterna, estruturada no espírito imperecível em que se lhe gravaram os ensinamentos imortais.

CAPÍTULO 7
Na senda renovadora

Não alegues a suposta ingratidão dos outros para desertar da Seara do Bem.

*

Na engrenagem da vida, cada qual de nós é peça importante com funções específicas.

*

Considera o poder de auxiliar que te foi concedido.

*

Ninguém recebe o conhecimento superior tão só para o proveito próprio.

*

Chico Xavier
PELO ESPÍRITO EMMANUEL

Saibamos dividir o tesouro da compreensão em parcelas de bondade.

*

Recorda que te apoias no concurso de muitos corações que te escoraram, um dia, no recinto doméstico, sem aguardar o brilho de qualquer premiação.

*

Revisa as sendas trilhadas e redescobrirás, na base da tua riqueza de espírito, um amigo anônimo encanecido entre a dificuldade e a abnegação, ou a assistência de um companheiro que muitas vezes te haverá desculpado as fraquezas e as incompreensões, a fim de que amadurecesses no entendimento da vida.

*

Reflete nisso e concluirás que Deus jamais te falhou no instante preciso.

Reconhecerás que essa mesma Divina Providência, que te resguardou pelo devotamento de braços alheios, espera agora sejas a proteção dos nossos irmãos mais fracos.

*

MEDIUNIDADE E SINTONIA
NA SENDA RENOVADORA

Não sonegarás benevolência onde repontem agravos.

*

Lembrar-te-ás da Infinita Bondade do Criador, que improvisa o oásis na aridez do deserto tanto quanto cultiva o jardim na amargura do pântano, e amarás sempre, aprendendo a distribuir os talentos de tuas aquisições espirituais.

*

Ninguém consegue adivinhar os prodígios do amor que nascerão de um simples gesto de bondade perante um coração que as circunstâncias menos felizes relegaram por muito tempo à secura, tanto quanto ninguém pode prever a alegria dos frutos que virão de uma simples semente nobre, lançada ao solo por muito tempo largado à negligência.

*

Seja qual for o contratempo que se te erija em obstáculo na estrada a percorrer, age para o bem.

*

Chico Xavier
PELO ESPÍRITO EMMANUEL

Ambientando a fé no próprio íntimo, alterou-se-te a paisagem no dia a dia.

Faze dela instrumento de trabalho e lâmpada acesa no caminho.

*

Quando assinalaste a verdade que te ilumina o espírito, tiveste o coração automaticamente induzido a integrar a legião dos companheiros do Cristo, e, diante do Cristo, nenhum de nós poderá esquecer-lhe a inesquecível convocação: "Amai-vos uns aos outros como eu vos amei".

CAPÍTULO 8
Unidos sempre

Companheiros!

Estamos engajados na construção espiritual da Era Nova.

*

Convençamo-nos, porém, de que o trabalho é muito mais amplo na intimidade de nós mesmos do que no plano externo da ação a desenvolver.

*

Educar-nos para educar.

Ensinar a fim de que aprendamos.

Auxiliar para sermos auxiliados.

Honrar a cultura da inteligência com o burilamento do coração.

Chico Xavier
PELO ESPÍRITO EMMANUEL

A obra é de todos. Cada qual de nós, entretanto, está situado em tarefa diferente.

*

Imperioso estudar, de modo a conhecer-nos, e conhecer-nos para identificar o que se nos faz necessário.

*

Ninguém dispõe da luz que não acendeu em si mesmo, no entanto, nenhum de nós está desvalido de recursos, a fim de se iluminar.

*

Aceitar-nos tais quais somos, de maneira a servirmos com a realidade que nos é própria e aceitar os outros na condição que os assinala.

*

Reconhecer que não nos encontramos num torneio de triunfos angélicos e sim numa concorrência benéfica, à procura de conquistas humanas.

*

Sejamos hoje melhores do que ontem.

*

Não nos detenhamos na impossibilidade de oferecer prodígios de grandeza de um instante para outro, mas não busquemos interromper a empreitada de redenção e de amor a que nos empenhamos.

*

Nunca desconsiderar ninguém.

*

Observar que os outros, perante Deus, são portadores de mensagem determinada, qual sucede a nós mesmos.

*

Se caímos pelo fascínio da ilusão, é imperioso reerguer-nos, voluntariamente, tão depressa quanto se nos faça possível, com os valores da experiência.

*

Saber que tentação é sinônimo de passado.

*

"Aqui" e "agora" são posições de espaço e tempo em que a Divina Providência nos permite plantar e replantar o futuro e o destino.

*

Ante a dificuldade – servir.
Diante da incompreensão – servir mais.

Chico Xavier
PELO ESPÍRITO EMMANUEL

Do trabalho nasce a luz para o caminho.
Da caridade surge a solução essencial para todos os problemas.

*

Oração e atividade.
Crer e construir.

*

Entender que nos achamos convidados pelo Cristo de Deus, através de Allan Kardec, para compreender auxiliando e renovar amando e iluminando, instruindo e abençoando na edificação do Mundo Novo.

*

Somos livres por dentro de nós, na escolha de decisões e diretrizes; servos da disciplina, no campo exterior de nossas realizações, sustentando a segurança que devemos à harmonia do próximo; lidadores do bem comum, através de obrigações formadas em estruturas diversas para cada um de nós; e cultivadores da Verdade sob o compromisso de melhorar-nos em serviço constante.

E acima de tudo, unidos sempre.

Assim venceremos.

CAPÍTULO 9
Mediunidade e nós

Nem sempre conseguirás materializar os amigos da Vida Maior para satisfazer a sede de verdade que tortura muitos de nossos companheiros na Terra, mas sempre podes substancializar essa ou aquela providência suscetível de prodigalizar-lhes tranquilidade e consolação.

*

Nem sempre sonorizarás a voz de desencarnados queridos para reconforto dos que choram de saudade no mundo; no entanto, sempre podes articular a frase calmante que lhes transmita encorajamento e esperança.

*

Chico Xavier
PELO ESPÍRITO EMMANUEL

Nem sempre obterás a mensagem de determinados amigos que residem no Mais Além, para a edificação imediata dos que sofrem no Plano Físico; entretanto, sempre podes improvisar algum recurso com que se lhes restaurem a energia e o bom ânimo.

*

Nem sempre lograrás a cura de certas enfermidades no corpo de irmãos padecentes; todavia, sempre podes lenir-lhes o coração e aclarar-lhes a alma, com o apoio fraterno, habilitando-lhes a mente para a cura espiritual.

*

Nem sempre te evidenciarás como sendo um fenômeno, mas sempre podes, em qualquer tempo, ser o auxílio a quem necessite de amparo.

*

Médium quer dizer intérprete, medianeiro.

E dar utilidade à própria vida, transformando-nos em socorro e bênção para os demais, é ser médium do Eterno Bem, sob a inspiração do Espírito de Jesus Cristo, privilégio que cada um de nós pode usufruir.

CAPÍTULO 10

Em torno da mediunidade

Ser médium não é simplesmente fazer-se veículo de fenômenos que transcendem a alheia compreensão.

*

Acima de tudo, é indispensável entendamos na faculdade mediúnica a possibilidade de servir, compreendendo-se que semelhante faculdade é característica de todas as criaturas.

*

Acontece, porém, que o homem espera habitualmente pelas entidades protetoras, em horas de prova e sofrimento, para arremessar-se ao estudo e ao trabalho quase sempre com extremas dificuldades de aproveitamento das lições que o

Chico Xavier
PELO ESPÍRITO EMMANUEL

visitam, quando o nosso dever mais simples é o de seguir, em paz, ao encontro da Espiritualidade Superior, movimentando a nossa própria iniciativa, no terreno firme do bem.

*

A própria Natureza é pródiga de ensinamentos nesse particular.

*

A terra é médium da flor que se materializa, tanto quanto a flor é medianeira do perfume que embalsama a atmosfera.

O Sol é o médium da luz que sustenta o homem, tanto quanto o homem é o instrumento do progresso planetário.

*

Todos os aprendizes da fé podem converter-se em médiuns da caridade através da qual opera o Espírito de Jesus, de mil modos diferentes, em cada setor de nossa marcha evolutiva.

*

Amparas os teus semelhantes e encontrarás a melhor fórmula para o seguro desenvolvimento psíquico.

MEDIUNIDADE E SINTONIA
EM TORNO DA MEDIUNIDADE

*

Na plantação da simpatia, por intermédio de uma simples palavra, estabelecemos, em torno de nós, renovadora corrente de auxílio.

*

Não aguardes o toque de inteligências estranhas à tua, para que te transformes no canal da alegria e da fraternidade, a benefício dos outros e de ti mesmo.

*

Podes traduzir a mensagem do Senhor, onde quer que te encontres, aprendendo, amando, construindo e servindo sempre, porque acima dos médiuns dessa ou daquela entidade espiritual, desse ou daquele fenômeno que muitas vezes espantam ou comovem, sem educar e sem edificar, permanecem a consciência e o coração devotados ao Supremo Bem, através dos quais o Senhor se manifesta, estendendo para nós todos a bênção da vida melhor.

CAPÍTULO 11
Prática mediúnica

Tudo na vida é afinidade e comunhão sob as leis magnéticas que lhe presidem os fenômenos.

Tudo gravita em torno dos centros de atração e sustentação de forças determinadas e específicas, no plano em que evoluímos para a Ordem Superior.

*

A mediunidade não pode igualmente escapar a semelhantes impositivos.

Almas ignorantes atraem criaturas ignorantes.

Doentes afinam-se com doentes.

*

MEDIUNIDADE E SINTONIA
PRÁTICA MEDIÚNICA

Há entidades espirituais que se dedicam ao serviço do próximo, em companhia daqueles que estimam a prática da beneficência, tanto quanto existem inteligências desencarnadas que, em desequilíbrio, se devotam a lamentáveis alterações da tranquilidade alheia, junto das pessoas indisciplinadas e insubmissas.

*

Obsessores vivem com quem estima perseguir e vampirizar e comunicantes irônicos somente encontram guarida nos companheiros do sarcasmo.

*

Eis porque, acima da prática mediúnica, examinada sob qualquer aspecto, situamos o imperativo da educação em nossos círculos doutrinários.

*

Amontoam-se vermes onde se congregam frutos desaproveitados ou apodrecidos, assim como a luz brilha onde encontra força ou material que lhe sirvam de combustíveis.

*

Chico Xavier
PELO ESPÍRITO EMMANUEL

O médium receberá sempre de acordo com as atitudes que adota para si mesmo perante a vida.

Se irado, sintoniza-se com as energias perturbadas do desespero; se preguiçoso, vive à vontade com os desencarnados ociosos.

*

Quem deseje crescer para a Espiritualidade Superior não pode menosprezar o alfabeto, o livro, o ensinamento e a meditação.

*

Mediunidade não é exaltação da inércia ou da ignorância.

*

O médium, para servir a Jesus de modo positivo e eficiente, no campo da Humanidade, precisa afeiçoar-se à instrução, ao conhecimento, ao preparo e à própria melhoria, a fim de que se faça filtro de luz e paz, elevação e engrandecimento para a vida e para o caminho das criaturas.

*

Jesus é o nosso Divino Mestre.
Eduquemo-nos com Ele, a fim de que possamos realmente educar.

CAPÍTULO 12
Estudando o bem e o mal

Para que sejamos intérpretes genuínos do bem, não basta desculpar o mal.

É imprescindível despreocupemo-nos dele, em sentido absoluto, relegando-o à condição de efêmero acessório do triunfo real das Leis que nos regem.

*

Evitando comentários complexos em nosso culto à simplicidade, recorramos à Natureza.

*

Vejamos, por exemplo, o apelo vivo da fonte.

Quantas vezes terá sido injuriada a água que hoje nos serve à mesa?

Chico Xavier
PELO ESPÍRITO EMMANUEL

Do manancial ao vaso limpo, difícil trajetória cumulou-a de vicissitudes e provações.
O leito duro de pedra e areia...
A baba venenosa dos répteis...
O insulto dos animais de grande porte...
O enxurro dos temporais...
Os detritos que lhe foram arrojados ao seio...

*

A fonte, entretanto, caminhou despretensiosa, sem demorar-se em qualquer consideração aos sarcasmos da senda, até surpreender-nos, diligente e pura, aceitando o filtro que lhe apura as condições, a fim de que nos assegure saciedade e conforto.

*

Segundo observamos, na lição aparentemente infantil, o ribeiro não somente olvidou as ofensas que lhe foram precipitadas à face.

Movimentou-se, avançou, humilhou-se para auxiliar e perdoou infinitamente, sem imobilizar-se um minuto, porque a imobilidade para ele constituiria adesão ao charco, no qual, em vez de servir, converter-se-ia tão só em veículo de corrupção.

É por isso que o ensinamento cristão da caridade envolve o completo esquecimento de todo o mal.

*

"Que a vossa mão esquerda ignore o bem praticado pela direita."

Semelhantes palavras do Senhor induzem-nos a jornadear na Terra, exaltando o bem, por todos os meios ao nosso alcance, com integral despreocupação de tudo o que represente vaidade nossa ou incompreensão dos outros, de vez que em qualquer boa dádiva somente a Deus se atribui a procedência.

*

Procurando a nossa posição de servidores fiéis da regeneração do mundo, a começar de nós mesmos, pela renovação dos nossos hábitos e impulsos, olvidemos a sombra e busquemos a luz, a cada dia, conscientes de que qualquer pausa mais longa na apreciação dos quadros menos dignos que ainda nos cercam será nossa

Chico Xavier
PELO ESPÍRITO EMMANUEL

provável indução ao estacionamento indeterminado no cárcere do desequilíbrio e do sofrimento.

CAPÍTULO 13
Trabalho além da Terra

Além da morte, a alma continua naquilo que começou a fazer na existência física.

*

E, em razão de cada criatura transportar consigo a experiência a que se afeiçoa, a Sabedoria Divina concede a cada Espírito encarnado determinada tarefa, que, na essência, vale por ensaio precioso, à frente do serviço que lhe competirá no amanhã eterno.

*

Vemos, na Terra, diversificar-se o trabalho ao infinito...

Esse ensina.

Chico Xavier
PELO ESPÍRITO EMMANUEL

Aquele dirige.
Aquele outro obedece.
Aqui, possuímos quem edifique.
Além, há quem cure.
Adiante, há quem esclareça.

*

Entretanto, se o professor apenas faz jus à remuneração financeira, não terá conquistado o santuário da educação.

Se o dirigente foge à exemplificação e à nobreza íntima, não terá conhecido a verdadeira autoridade.

Se o cooperador subalterno menoscaba a atenção para com o bem comum, viverá muito longe do prazer de servir.

Se quem levanta paredes e monumentos cinge-se apenas ao interesse particular, não terá percebido a beleza da construção.

Se quem alivia as dores humanas procura simplesmente o lucro fácil, decerto desconhecerá o divino templo da cura.

E se quem esclarece foge ao devotamento e à serenidade, preferindo localizar-se entre a exigência e a aspereza, não acenderá no caminho a luz do amor.

*

Não olvides que as tuas atividades, fora do corpo denso, serão sempre a continuação daquilo que fazes por dentro de ti, obedecendo ao próprio coração.

*

Não basta erguer braços ágeis, deitar fraseologia preciosa ou provocar excessivo movimento em torno de teus dias, porque há muitas mãos operosas na extensão da sombra, muito verbo faustoso na exploração menos digna e muito ruído vão provocando, onde existe, tão somente amargura e cansaço.

*

Ama o serviço que o Senhor te confiou, por mais humilde que seja, e oferece-lhe as tuas melhores forças, porque do que hoje fazes bem, no proveito de todos, retirarás amanhã o justo alimento para a obra que te erguerá do insignificante esforço terrestre para o trabalho espiritual.

CAPÍTULO 14
Preparação mediúnica

Por mais que se fale em mediunidade, é forçoso referir-nos sempre à disciplina que só a Doutrina Espírita consegue orientar para o bem.

*

Potencialidades medianímicas são valores que pertencem a todas as criaturas, tanto quanto possuímos todos nós recursos virtuais para o desempenho dessa ou daquela tarefa.

*

Recordemos, porém, o aprendiz nos primeiros degraus de um instituto de alfabetização.

Que ele sabe ler e escrever, decerto sabe, mas se pretende partir para realizações outras,

MEDIUNIDADE E SINTONIA
PREPARAÇÃO MEDIÚNICA

além das bases primárias, há que se matricular voluntariamente na escola sem férias do maior esforço.

Estudar e aprender sempre.

*

Assim também o médium nas etapas iniciais do desenvolvimento das energias psíquicas.

Que ele pode comunicar-se com os desencarnados e receber-lhes a palavra, decerto pode, no entanto, se deseja partir na direção de tarefas maiores, além das bases iniciais, há que se matricular na oficina sem férias do maior esforço.

Estudar e servir sempre.

*

Se uma certidão de competência no campo das profissões liberais da Terra exige do candidato desde o abecedário à cúpula universitária, nada menos de quinze a vinte anos de preparação, a fim de que se lhe ajustem os centros mentais para o começo do trabalho a desenvolver, a que título esperar que um médium se forme com segurança em poucos dias?

Chico Xavier
PELO ESPÍRITO EMMANUEL

Encarregar-se dos interesses espirituais dos outros, conduzi-los, harmonizá-los, elevá-los ou socorrê-los será menos importante que traçar uma planta para o levantamento de uma ponte ou para a construção de uma casa?

*

Não nos iludamos com respeito à formação mediúnica.

Desenvolvimento medianímico sem aperfeiçoamento do veículo para as manifestações espirituais é o mesmo que trabalho sem orientação do operário, que resulta invariavelmente em cansaço inútil.

*

Convençamo-nos de que legiões de mediunidades, tanto quanto legiões de inteligências, enxameiam em toda parte, mas aprimorar umas e outras, doando-lhes proveito e responsabilidade, exige estudo e trabalho pacientes, para que se lhes efetue a educação. Ora, sabemos todos que educação não aparece sem disciplina, como disciplina não chega até nós sem sacrifício, e o sacrifício não é fácil para ninguém.

CAPÍTULO 15
No bem, hoje e sempre

Se aspiras, efetivamente, a colaborar na construção do Reino Divino sobre a Terra, não solenizes o mal, para que o bem germine e se estenda ao grande campo da vida.

*

Ante as pedras da incompreensão, não renuncies ao arado sacrificial da tolerância, para que os calhaus da crueldade se convertam em alicerces da edificação espiritual a que te empenhas.

*

Nos espinheiros da perseguição gratuita, não te afastes da paciência, a fim de que os ingredientes da prova, pouco a pouco, se façam

Chico Xavier
PELO ESPÍRITO EMMANUEL

adubo da plantação de valores imperecíveis da alma a que te dedicas.

*

Não interpretes ninguém por inimigo.

Quando os adversários não se nos revelam por instrutores, são enfermos necessitados de amparo e entendimento.

*

Em toda parte, seremos defrontados por aqueles que realmente não nos conhecem e que, em nos julgando pelas impressões superficiais ou pelos pareceres de oitiva, transformam-se em instrumentos de nossas dificuldades.

*

Aparecem, por vezes, na posição de companheiros que nos reclamam demonstrações de heroísmo ou de santidade que eles mesmos ainda não possuem; ou na forma de censores que nos reprovam a presença e o trabalho sem cogitar do objetivo de nossas manifestações.

*

Recebamo-los todos com serenidade e amor, e continuemos a tarefa da boa vontade, na certeza de que o tempo falará por nós, hoje, amanhã e sempre.

*

Toda vez que o mal te procure, veste a couraça do bem e auxilia-o a renovar-se em experiência edificante.

*

Não recalcitres.

*

Imagina se Jesus tivesse adotado a reação da dignidade ferida!

O apelo à justiça teria apagado o esplendor da Boa-Nova; no entanto, o silêncio e o sacrifício do Mestre Divino, ainda hoje, como ontem e qual ocorrerá no futuro, suscitam o aprendizado e a sublimação da Humanidade inteira.

CAPÍTULO 16
Esclarecimento

Muitos companheiros solicitam orientação do Céu para a vitória nas provas da Terra, mas, em verdade, não necessitamos tanto de novos roteiros esclarecedores e sim de ação mais intensiva na obra edificante do Bem.

*

O caminho é o mundo...

Mundo-escola e mundo-oficina, em que valiosas oportunidades felicitam a alma, fielmente interessada na própria elevação.

*

Não nos detenhamos na expectativa dos que adoram o Senhor sem qualquer esforço para

MEDIUNIDADE E SINTONIA
ESCLARECIMENTO

servi-lo. Ele próprio legou-nos, com a Boa-Nova, o mapa luminoso para a romagem na Terra.

*

Libertemos a claridade que jaz enclausurada em nossos corações e sigamos adiante.

*

Há espinhos reclamando extinção.
Feridas que pedem bálsamo.
Aflições mendigando paz.
Pedras à espera de bravos amigos que as utilizem.
Há mentes encarceradas na sombra, rogando luz.
Há crianças abandonadas, implorando socorro para consolidar as bases em que recomeçam a vida nova.
Quem estiver procurando a inspiração dos anjos não se esqueça dos lugares onde os anjos colaboram com o Céu, diminuindo o sofrimento e a ignorância na Terra.

*

Agir no bem é buscar a simpatia dos Espíritos sábios e benevolentes, encontrando-a.

Chico Xavier
PELO ESPÍRITO EMMANUEL

*

Se Jesus não parou em contemplação inoperante, transitando no serviço ao próximo, da Manjedoura até a Cruz, ninguém aguarde a visitação dos mensageiros divinos, paralisando as mãos na esperança sem trabalho e na fé sem obras.

*

O aprimoramento da mediunidade e a espiritualização renovadora são problemas de boa vontade na decisão de trabalhar e na cooperação, porque somente buscando trazer o Céu ao mundo, pela nossa aplicação ao bem, é que descobriremos a estrada verdadeira que nos conduzirá efetivamente para os Céus.

CAPÍTULO 17
Sigamos acordados

Não permitas que o desgosto menor te conduza ao fracasso, para que o fracasso te não conduza aos desgostos maiores.

*

Lembra-te de que a Terra é a nossa antiga escola de aprimoramento espiritual e não lhe menoscabes as lições.

*

Recorda o paralítico algemado ao leito de dor e agradece ao Céu as pernas ágeis e firmes que te garantem a verticalidade do corpo.

*

Chico Xavier
PELO ESPÍRITO EMMANUEL

Considera o mutilado a quem falta a bênção das mãos e valoriza os recursos que te fazem encontrar no trabalho a fonte da alegria.

Não olvides o cego, às vezes na bruma das lágrimas, e utiliza os olhos na procura do bem.

*

Não te esqueças do mudo que atravessa o carreiro terrestre, quase sempre solitário e incompreendido, e conserva limpa a palavra de que te vales para atingir o progresso mais amplo.

*

Reflete no idiota, que passa entre os homens, com as dificuldades do cérebro ensandecido, e mobiliza o próprio raciocínio, prestigiando o que se te faça útil.

*

Medita nos que vagueiam sem lar e honra o teu reduto doméstico, cultivando dentro dele a bondade e a tolerância, a compreensão e a gentileza por diretrizes de cada dia.

*

Pensa nos corações cristalizados na indiferença, que viajam no mundo à feição de órfãos

MEDIUNIDADE E SINTONIA
SIGAMOS ACORDADOS

voluntários e exalça a própria fé, traduzindo-a em obras de humildade e amor, generosidade e perdão, para que a luz divina se te eleve por bússola no caminho.

*

Valoriza o trabalho que desenvolves, os amigos, os familiares, os recursos, os instantes de que dispões e sentir-te-ás agora rico de possibilidades para ampliar o tesouro de bênçãos com que serás aquinhoado agora, hoje e depois.

*

Lembremo-nos de que a Terra é simplesmente um degrau em nossa escalada para os cimos resplendentes da vida e, acordados para as oportunidades do serviço, avancemos para diante, aprendendo e amando, auxiliando os outros e renunciando a nós mesmos, na certeza de que, assim, caminharemos do infortúnio de ontem para a felicidade de amanhã.

CAPÍTULO 18

A faculdade de curar

A faculdade de curar, para manter-se íntegra, não deve permanecer precavida tão somente contra o pagamento em dinheiro amoedado.

*

Há outras gratificações negativas a que lhe cabe renunciar, a fim de que não seja corroída por paixões arrazoadas que começam nos primeiros sinais de personalismo excessivo.

Imprescindível saber olvidar o vinho venenoso da bajulação, a propaganda jactanciosa, o perigoso elixir da lisonja e a aprovação alheia como paga espiritual.

MEDIUNIDADE E SINTONIA
A FACULDADE DE CURAR

Quem se proponha a auxiliar os enfermos há que saber respirar no convívio da humildade sincera, equilibrando-se, a cada instante, na determinação de servir.

*

Para curar é preciso trazer o coração por vaso transbordante de amor e quem realmente ama não encontra ensejo de reclamar.

*

Compreendendo as nossas responsabilidades com o Divino Médico, se queres efetivamente curar, cala-te, aprende, trabalha honrando a posição de servidor de todos a que Jesus te conduziu.

*

Auxilia os ricos e os pobres, como quem sabe que fartura excessiva ou carência asfixiante são igualmente enfermidades que nos compete socorrer.

*

Ampara aos amigos e aos adversários, aos alegres e aos tristes, aos melhores e aos menos

Chico Xavier
PELO ESPÍRITO EMMANUEL

bons, como quem compreende na Terra a valiosa oficina de reajuste e elevação.

*

Reconheçamos que toda honra pertence ao Senhor, de quem não passamos de apagados e imperfeitos servidores.

*

Não te afastes da dependência do Eterno Benfeitor e, movimentando os próprios recursos, a benefício dos que te cercam, guardemos a certeza de que, curando, seremos curados por nossa vez, soerguendo-nos, enfim, para a vitória real do Espírito, em cuja luz os monstros da penúria e da vaidade, da ignorância e do orgulho não mais nos conseguirão alcançar.

CAPÍTULO 19
Seareiros futuros

Assunto inevitável na lavoura do bem: a preparação de seareiros futuros.

*

Referindo-nos, frequentemente, à limpeza dos princípios que abraçamos e à elevação em que nos cabe conservá-los.

Preocupação, aliás, das mais justas.

*

Indispensável, porém, cogitar da formação daqueles que se nos farão continuadores nos círculos de serviço.

*

Chico Xavier
PELO ESPÍRITO EMMANUEL

De que modo laurear profissionais dignos e competentes nos estabelecimentos de ensino superior, sem a escola funcionando na base da cultura?

*

Nas atividades espirituais, há que se observar igualmente o clima de sequência, se quisermos obter colaboradores corretos e eficientes.

*

Diante de companheiros imaturos, no que tange a discernimento, tantas vezes mergulhados em nebulosas conceituações, ao redor dos temas da alma, é forçoso se nos concretize com mais veemência a cooperação espontânea, em favor deles, para que a Nova Revelação venha a possuir amanhã cooperadores à altura do trabalho que ela própria nos descortina.

*

Encontrando amigos ainda verdes nos raciocínios da lógica, sejam médiuns ou explicadores, na edificação doutrinária, procuremos com afetuosa dedicação uma porta para o entendimento recíproco, através da qual lhes possamos

MEDIUNIDADE E SINTONIA
SEAREIROS FUTUROS

oferecer o coração, em forma de esclarecimento ou de apoio, auxiliando-os a superar os trechos de sombra que, porventura, estejam sendo obrigados a contornar, na caminhada para o Conhecimento Superior que todos nós aspiramos a atingir.

*

Em suma, à frente de quaisquer irmãos, procedentes desse ou daquele distrito menos claro da obra espiritual, saibamos agir com bondade e compreensão, porquanto muitos daqueles que nos pareçam enganados ou insipientes, se amparados com amor, ser-nos-ão no porvir valorosos vexilários na Causa do Bem, seja na plantação da verdade ou na colheita da luz.

CAPÍTULO 20
Tarefa mediúnica

Mediunidade não é instrumento de mágica com que os Espíritos Superiores adormeçam a mente dos amigos encarnados, utilizando-os em espetáculos indébitos para a curiosidade humana.

*

Realmente observamos companheiros que se confiam a entidades não aperfeiçoadas, embora inteligentes, efetuando o fascínio provisório de muitos, no setor das gratificações sentimentais menos construtivas, entretanto, aí temos apenas o encantamento temporário e nada mais.

*

MEDIUNIDADE E SINTONIA
TAREFA MEDIÚNICA

Tarefa mediúnica, no fundo, é consagração do trabalhador ao ministério do Bem.

O fenômeno, dentro dela, surge em último lugar, porque, antes de tudo, representa caridade operante, fé ativa e devotamento ao próximo.

*

Quem busque orientação para empresas dessa ordem procure a companhia do Cristo, que não vacilou em aceitar a cruz para servir dentro do divino amor que lhe inflamava o coração.

*

Ser medianeiro das forças elevadas que governam a vida é sintonizar-se com a onda renovadora do Evangelho, que instituiu o "amemo-nos uns aos outros", qual Jesus se dedicou a nós, em todos os dias da vida.

*

A prosperidade dos sentidos superiores da alma não reside no artificialismo dos fenômenos transitórios e sim na abnegação com que o discípulo da verdade se honra em peregrinar

Chico Xavier
PELO ESPÍRITO EMMANUEL

com o Mestre do perdão e da humildade, da renúncia e da vida eterna, auxiliando, sem exceção, os viajores do escabroso caminho terrestre.

*

Se pretendes um título na mediunidade que manifesta no mundo as revelações do Senhor, não te fixes tão só na técnica fenomênica; rejubila-te com as oportunidades de servir, exprimindo boa vontade no socorro a todos os necessitados da senda humana; e, renovando os sofredores e os ignorantes, os perturbados e os tristes, sob o estandarte vivo de teu coração aberto para a Humanidade, abraça-os por tua própria família!

Depois disso, guarda a certeza de que te movimentas para frente e para o alto, porque Jesus, o Divino Mestre, virá ao teu encontro, inundando-te a jornada de esperança, alegria e luz.

MEDIUNIDADE E SINTONIA (BOLSO)					
EDIÇÃO	IMPRESSÃO	ANO	TIRAGEM	FORMATO
1	1	2019	3.000	12,5x17,5
1	2	2020	2.500	12,5x17,5
1	IPT*	2022	552	12,5x17,5
1	IPT	2023	1.100	12,5x17,5
1	5	2023	1.000	12,5x17,5
1	6	2024	1.500	12,5x17,5
1	7	2025	1.000	12,5x17,5

*Impressão pequenas tiragens

FEB editora
Livro espírita para um novo mundo
www.febeditora.com.br
@febeditoraoficial
@febeditora

Conselho Editorial:
Carlos Roberto Campetti
Cirne Ferreira de Araújo
Evandro Noleto Bezerra
Geraldo Campetti Sobrinho – Coord. Editorial
Jorge Godinho Barreto Nery – Presidente
Maria de Lourdes Pereira de Oliveira
Miriam Lúcia Herrera Masotti Dusi

Produção Editorial:
Elizabete de Jesus Moreira

Revisão:
Elizabete de Jesus Moreira

Capa:
Evelyn Yuri Furuta

Projeto Gráfico:
Evelyn Yuri Furuta
Thiago Pereira Campos

Diagramação:
Thiago Pereira Campos

Foto de Capa:
Acervo FEB

Normalização Técnica:
Biblioteca de Obras Raras e Documentos Patrimoniais do Livro

Esta edição foi impressa pela A. S. Pereira Gráfica e Editora Ltda., Presidente Prudente, SP, com tiragem de 1 mil exemplares, todos em formato fechado de 125x175 mm e com mancha de 92x138 mm. Os papéis utilizados foram o Off white bulk 58 g/m² para o miolo e o Cartão 250 g/m² para a capa. O texto principal foi composto em fonte Kepler Std Light 14/16,8 e os títulos em Kepler Std Light 35/34. Impresso no Brasil. *Presita en Brazilo.*